초등학생의 진로와 직업 탐색을 위한
잡프러포즈 시리즈 52

형사는 어때?

차례

CHAPTER 01 형사 윤석호의 프러포즈

- 형사 윤석호의 프러포즈 … 10

CHAPTER 02 형사의 세계

- 범인을 검거해 범죄의 진실을 밝히는 형사 … 15
- 강력범죄는 강력팀에서 … 17
- 일반 형사 범죄는 형사팀에서 수사해요 … 18
- 마약 수사도 형사가 해결할 일입니다 … 19
- 피해자가 여성과 청소년인 사건을 전담해요 … 20
- 눈에 보이지 않는 전문적인 범죄도 수사해요 … 22

CHAPTER 03 형사가 되려면

- 침착함과 순발력, 상황 판단 능력, 체력이 필요해요 … 27
- 수사에 대한 호기심과 두려움을 이길 강한 정신력도 … 29
- 체험 활동으로 적성을 알아보세요 … 31
- 형사가 되기 전에 먼저 경찰관이 되어야 해요 … 33
- 경찰관으로 근무하며 수사 경과 시험에 응시해요 … 36

형사의 매력

- 😊 사건을 해결했을 때의 뿌듯함 … 41
- 😊 제복이 주는 매력이 있어요 … 44

형사의 마음가짐

- 😊 범죄자의 범행을 밝히기 위해 최선을 다해요 … 49
- 😊 범죄자를 체포할 때 다치지 않도록 신경 써요 … 51

형사 윤석호를 소개합니다

- 😊 친구가 괴롭힘당하는 꼴은 참을 수가 없었어요 … 57
- 😊 어릴 적부터 꿈은 형사! … 58
- 😊 마침내 꿈을 이루었어요 … 60
- 😊 범죄자를 알아보는 감이 있어요 … 62
- 😊 파견 근무할 때 구속되었다는 오해도 받았어요 … 63
- 😊 지금도 현장에서 형사로 일하고 있습니다 … 65

10문 10답

- 112로 신고가 들어오면 어떻게 사건을 처리하나요? … 69
- 형사는 왜 사복을 입나요? … 71
- 여자 형사는 얼마나 되나요? … 72
- 직업적인 습관이 있다면요? … 73
- 스트레스는 어떻게 해소하세요? … 75
- 근무 형태는 어떤가요? … 76
- 경찰서 유치장에는 누가 들어가나요? … 78
- 형사는 미래에도 필요한 직업일까요? … 79
- 미래의 범죄는 어떻게 달라질까요? … 80
- 다른 분야로 진출할 수 있나요? … 82

윤석호 형사의 사건 파일

- 강·절도범 검거로 얻은 별명, '개코' 형사 … 86
- 고객으로 가장해 해결한 자동차 절도, 중고차 사기 사건 … 88
- 합동수사팀에서 했던 의약품 리베이트 수사 … 90

나도 형사

- 나도 형사 … 93

형사 윤석호의 프러포즈

안녕하세요, 어린이 여러분. 서울수서경찰서에서 근무하는 윤석호 형사입니다. 어렸을 때 저는 형사 같다는 소리를 자주 들었어요. 어리고 약한 친구들이 괴롭힘을 당하는 모습을 보면 저도 모르게 화가 나더라고요. 때로는 친구를 때린 형들을 찾아가 싸우기도 했어요. 이유 없이 누군가 폭행을 당하는 장면을 보면 참지 못하는 성격이었던 것 같습니다. 친구들이 제가 곁에 있으면 든든하다고 했고, 어른들도 제가 커서 형사가 되면 좋겠다고 말씀하셨어요. 그래서인지 제 마음속에 형사의 꿈이 생겼고, 기회가 찾아오자 주저하지 않고 형사의 길을 선택했습니다.

저처럼 형사가 되고 싶은 어린이가 있나요? 그렇다면 선배 형사로서 어떻게 하면 형사가 될 수 있는지 알려드릴게요. 첫째, 정의로운 마음을 가져야 합니다. 형사는 부당한 일을 보고 분노하고, 망설임 없이 행동으로 정의를 실현하는 직업이기 때문이에요. 둘째, 신체가 건강하고 체력이 있어야 해요. 형사는 범죄자를 검거하는 과정에서 몸싸움해야 할 수도 있는데, 신체가 건강해야 두려운 마음이 없어요.

제가 전국을 돌며 해결한 여러 사건이 <베테랑>, <범죄도시> 같은 영화의 소재가 되기도 했어요. 우연한 기회에 범죄와 관련된 영화를 제작하는 일에 참여하게 되어 저의 경험을 나눈 결과인데요. 저는 어려운 사건이든 가벼운 사건이든 맡은 사건은 해결할 때까지 물고 늘어지는 편이에요. 어쩌면 그런 뚝심이 해결하기 어려운 사건도 새로운 방식으로 해결할 수 있는 원동력이 되었던 것 같아요. 이것은 시민들이 범죄 걱정 없이 안심하고 살아갈 수 있도록 최선을 다하는 형사라는 직업을 제가 좋아하기 때문에 맞이한 결과이겠지요.

어린이 여러분도 안전한 사회를 만드는 데 이바지할 수 있는 이 직업에 관심을 가지기를 기대하며, 저의 경험을 나눠드릴게요.

- 형사 윤석호

2장에서는?

경찰은 매우 큰 조직으로 맡은 업무에 따라 부르는 이름도 여러 가지가 있어요. 그중에 형사는 드라마와 영화의 단골 소재라 매우 친숙한 직업이에요. 하지만 형사가 하는 일을 다 아는 것은 아니에요. 형사가 속한 조직은 어디인지, 무슨 일을 하는지, 구체적으로 알아보고 여러분이 생각한 형사와 같은지 다른지 생각해 보세요.

범인을 검거해
범죄의 진실을 밝히는 형사

　범죄가 발생하면 형사는 현장에 출동해 상황을 파악해요. 현장에 도착하면 지문이나 발자국, 핏자국과 같이 증거가 되는 것들을 빠르고 정확하게 수집하고, 주변에 있는 CCTV 영상도 확보해요. 이때는 작은 단서 하나라도 놓치지 않기 위해 아주 꼼꼼하게 현장을 살펴야 해요. 다음으로 사건을 직접 본 사람(목격자)이나 피해를 당한 사람(피해자)에게 무슨 일이 있었는지 물어봐요. 범인을 찾기 위한 중요한 정보를 얻는 과정으로 사람들의 이야기를 들을 때는 사실과 거짓을 구별해야 해요.

　이렇게 모은 증거와 정보를 바탕으로 수사 방향을 세우고, 용의자(범인으로 의심되는 사람)가 생기면 추적을 시작해요. 필요할 때는 범인을 잡기 위해 잠복근무나 미행을 합니다.

　용의자가 특정되면 형사는 법원에서 체포영장을 받아서 정식으로 체포하고, 급한 경우에는 현행범 체포나 긴급체포를 합니다. 범인을 잡은

뒤에는 조사(신문)를 하는데요. 왜 범행을 저질렀는지, 사건의 진실이 무엇인지 물어봅니다.

이때 형사는 범인의 말이 진짜인지 거짓인지 판단하기 위해 아주 신중하게 질문하고 기록합니다. 이 기록을 조서라고 부르며, 법원에 제출하는 중요한 자료가 됩니다. 또한, 형사는 압수수색 영장을 받아서 범죄에 사용된 물건이나 추가 증거를 찾아내기도 해요.

모든 수사가 끝나면, 형사는 수사보고서를 작성해요. 이 보고서는 검찰로 넘어가며, 나중에 재판에서 사건을 설명하는 데 사용됩니다. 필요할 때는 형사가 직접 법정에 나가서 증인으로 사건에 관해 설명하기도 합니다.

강력범죄는 강력팀에서

강력범죄는 사회적으로 큰 해를 끼치는 범죄들을 말해요. 살인, 강도, 방화와 같이 사람의 생명과 신체에 직접 해를 끼치는 범죄, 납치·감금, 인질극, 조직폭력배 범죄, 총기류·흉기 사용 범죄처럼 시민 안전에 중대한 위협이 되는 사건들이 강력범죄로 분류돼요. 이런 범죄는 형사과 강력팀이 맡아서 수사합니다.

강력팀은 강력범죄가 발생한 초기 단계부터 현장에 투입되어 신속한 수사를 전개해요. 살인사건이 발생하면 현장 보존 및 증거 수집, 피해자와 용의자 주변인 조사, 부검 의뢰 등 초동수사를 지휘하지요. 또한, 범인이 도주의 우려가 있으면 24시간 추적에 나서고, 때로는 잠복근무와 미행도 합니다. 이처럼 강력팀 형사들은 현장 중심의 발로 뛰는 수사를 수행하며, 사건이 발생한 순간부터 증거 확보와 범인 검거에 온 힘을 쏟아 붓습니다.

일반 형사 범죄는 형사팀에서 수사해요

경찰서 형사과는 보통 강력팀과 형사팀으로 나누어 운영해요. 강력팀은 앞에서 말한 것처럼 강력 사건을 전담하고, 나머지 일반 형사 범죄와 고소(누군가를 경찰에 신고하는 것)나 진정(억울함을 호소하는 일)이 들어온 사건 등을 형사팀에서 담당해요. 경찰서 규모에 따라 여러 개의 형사팀을 운영하면서 업무를 나누는데요. 폭행, 상해, 협박, 재물손괴(기물 파손), 공갈, 상습 절도 등과 같은 일반 형사 범죄를 전담하는 팀, 소매치기, 절도(자전거·오토바이·자동차 관련 절도), 빈집 털이 등 생활 주변형 범죄 및 가벼운 절도사건 등을 전담하는 팀으로 나누기도 해요.

형사팀도 강력팀과 마찬가지로 목격자나 피해자의 이야기를 듣고, 현장을 조사하고, CCTV를 확인하면서 사건을 하나하나 풀어가요. 강력팀이 위험한 범죄를 빠르게 해결하는 데 중점을 둔다면, 형사팀은 우리 주변에서 자주 일어나는 사건을 정리하고 해결하는 팀이지요.

마약 수사도 형사가 해결할 일입니다

마약을 만들거나, 사고팔거나, 몰래 들여오거나, 마약을 직접 사용한 사람들은 모두 중대한 범죄를 저지른 범죄자입니다. 경찰에서는 마약 범죄를 아주 위험한 강력범죄로 보고, 특별히 전문 수사팀을 만들어 대응하고 있어요.

마약 범죄는 겉으로 잘 드러나지 않고, 몰래 이루어지는 경우가 많아요. 또 마약은 한 사람의 문제로 끝나지 않고, 주변 사람을 다치게 하거나 다른 범죄로 이어지기도 해요. 그래서 마약을 막으려면 단순한 순찰이나 일반 수사로는 부족해요. 전문 지식, 은밀한 정보 수집, 신중한 잠복 수사가 필요하죠. 이 때문에 경찰은 마약수사팀이라는 특별한 팀을 두고, 전문 형사들이 모여서 집중적으로 이 문제를 해결하고 있어요.

피해자가 여성과 청소년인 사건을 전담해요

경찰서에는 여성청소년과가 있어요. 일반 사건 중에서도 여성과 어린이, 청소년이 피해자가 된 사건을 전문적으로 수사해요. 아동학대, 학교폭력, 가정폭력, 성범죄와 같은 사건의 피해자는 다른 범죄의 피해자보다 심리적인 충격이 크고, 수사 과정에서 다시 상처를 받기 쉽기 때문에 이 문제를 해결하기 위해 여성청소년과를 따로 만들게 되었어요.

여성청소년과는 피해자를 심리적으로 배려하면서 수사하도록 훈련을 받은 형사와 여성 경찰관, 그리고 상담 전문가들이 함께 근무해요. 또한 아동 보호 기관이나 병원, 상담소 등과 연결해서 피해자에게 꼭 필요한 도움을 주고 있어요. 단순히 범인을 잡는 것뿐 아니라, 피해자의 마음을 돌보고 회복을 도와주는 수사를 하기 위해 만들어진 부서예요.

🔗 학교폭력 방지에 힘쓰는 학교전담경찰관 출처 : 경찰청

🔗 마약팀에서 근무할 당시 동료들과 함께

눈에 보이지 않는 전문적인 범죄도 수사해요

강력팀, 형사팀, 마약전담팀과 같이 현장에서 발로 뛰는 형사들이 있는가 하면, 속임수와 머리를 쓰는 지능범죄와 눈에 보이지 않는 사이버범죄를 수사하는 형사들이 있어요. 이런 범죄는 지능범죄팀과 사이버범죄팀으로 나누어 수사과에서 맡아요.

지능범죄는 계획적이고 복잡한 방법으로 벌어지는데요. 남을 속여서 돈이나 재산을 빼앗는 사기, 회사의 돈을 몰래 빼돌리거나 자기 마음대로 쓰는 횡령 또는 배임, 신분증이나 문서, 통장 등을 가짜로 만드는 위조 사건 등이 여기에 속해요. 이런 범죄는 현장이 따로 없어서 서류나 컴퓨터 자료를 꼼꼼히 분석하고, 금융 기록까지 추적해야 해요. 그래서 지능범죄를 수사하는 형사들은 사건을 이해하는 능력과 법률과 회계 등 관련 지식도 필요해요.

사이버범죄 형사는 인터넷과 컴퓨터를 이용한 범죄를 수사해요. 요즘은 휴대전화나 SNS, 게임, 유튜브처럼 디지털 공간에서 벌어지는 사건이 많아요. 온라인 쇼핑몰에서 돈만 받고 물건 안 보내는 인터넷 사기, 남의 컴퓨터나 개인정보에 몰래 들어가는 해킹, 몰래카메라, 불법 촬영물 유포 같은 디지털 범죄, 가짜뉴스, 악성 댓글, 사이버 괴롭힘과 같은 사건들이지요. 이런 범죄는 인터넷 안에서 벌어져서 추적도 어려워요. 그래서 사이버범죄 형사들은 디지털 기기나 프로그램을 다루는 기술을 알아야 하고, 디지털 포렌식 같은 수사 기술을 활용해 범인을 추적해요.

3장에서는?

형사가 되려면 여러 가지 준비가 필요해요. 먼저 경찰관이 되어야 하는데요. 어떤 소양이 필요한지, 어떤 방법으로 경찰관이 되는지, 어디로 진학하면 좋은지 알아보아요. 또 형사가 되려면 갖춰야 할 자격도 있는데, 어떻게 준비하면 좋을지 베테랑 형사님의 이야기를 들어보아요.

침착함과 순발력, 상황 판단 능력, 체력이 필요해요

　형사는 언제 어디서 어떤 일이 생길지 모르는 상황에 대비해야 해요. 발생한 사건에 관한 수사 계획을 미리 세워도 실제로 현장에 가면 전혀 다른 상황이 펼쳐질 때가 많아요. 그럴 땐 당황하지 않고, 눈앞에 있는 상황을 빠르게 파악해서 침착하게 판단하는 게 정말 중요해요.

　범죄가 발생한 현장이나 범인을 검거하는 과정에서 놀라운 일이 생길 수도 있어요. 그럴 때 속으로는 놀라고 걱정될 수 있지만 그걸 겉으로 드러내면 안 돼요. 범인이나 사건과 관련된 사람들이 눈치를 챌 수도 있거든요. 아주 짧은 순간에도 여러 일이 동시에 일어날 수 있어서, 순간순간 빠르게 판단하고 행동해야 해요.

　그리고 융통성도 필요해요. 경찰학교에서 배운 대로 상황이 딱딱 맞아떨어지는 경우는 거의 없어요. 그래서 상황에 맞게 주변을 잘 살펴보고, 어떻게 하면 문제를 잘 해결할 수 있을지 머리를 잘 써야 해요.

체력도 정말 중요해요. 머리로만 일하는 게 아니라 몸도 많이 쓰는 일이거든요. 그래서 건강한 몸을 만드는 게 기본이에요. 태권도, 유도, 검도, 무에타이 같은 무도 중에서 하나를 골라 꾸준히 단련하면 몸도 튼튼해지고 정신력도 강해져요. 평소에 한 단련이 힘든 순간에 큰 도움이 되기도 하지요.

운동도 꼭 필요해요. 달리기, 수영, 농구, 축구 등 어떤 운동이든 좋으니, 자기가 좋아하는 걸 찾아서 꾸준히 하는 게 좋아요. 무엇보다 중요한 건, 몸과 마음을 튼튼하게 만들어두는 거예요.

사격 연습을 하는 경찰 출처 : 경찰중앙학교

수사에 대한 호기심과 두려움을 이길 강한 정신력도

　뉴스에서 사건이나 사고 소식을 들으면, 그냥 "이런 일이 있었구나" 하고 넘기지 말고, 그 뒤에 어떤 일이 있었는지 끝까지 관심을 가져보세요. 경찰이 어떻게 사건을 수사했고, 범인은 어떻게 잡혔고, 어떤 처벌을 받았는지까지 알아보는 거죠. 요즘은 인터넷이나 책을 통해 수사 과정도 쉽게 찾아볼 수 있고, 궁금한 마음만 있다면 얼마든지 알아볼 수 있어요. 관심을 두고 보면 보이지 않던 것들도 눈에 들어오기 시작할 거예요.

　그리고 형사가 되겠다고 마음먹었다면 겁이 많아선 안 돼요. 범죄 현장이 무섭다고, 범인이 두렵다고 도망쳐버리면 안 되거든요. 2022년에 인천에서 흉기 난동 사건이 있었는데, 경찰관 두 명이 범인이 칼을 휘두르는 모습을 보고 무서워서 현장에서 도망쳐버린 일이 있었어요. 범인을 막아야 할 경찰관이 도망을 가 버렸으니 얼마나 큰일이었겠어요? 결국 피해자 가족 중 한 사람이 맨손으로 범인을 막아냈고, 그제야 경찰이 돌아와 범인을 체포했죠. 두 명의 경찰관 중 한 명이 여자 경찰이라는 이유로 비난하는 사람도 있었는데, 같이 있었던 남자 경찰도 도망쳤기 때문에 남자냐 여자냐의 문제가 아니었어요. 경찰로서의 마음가짐과 책임감의 문제인 거예요.

정말로 형사가 되고 싶은 사람이라면, 이런 일을 보고 스스로에게 물어봐야 해요. "내가 그 자리에 있었다면, 무서운 상황에서도 끝까지 사건을 해결하려고 했을까?" 하고요. 물론 겁이 나는 건 당연해요. 저도 무기를 든 범인이 눈앞에 나타나면 깜짝 놀라고, 심장이 쿵쾅거리죠. 하지만 그 순간에 도망치지 않고, 용기 내서 맡은 일을 해내는 게 형사예요. 그리고 요즘은 어떤 생물이나 모양 같은 것에 심한 공포를 느끼는 사람들이 가끔 있어요. 이런 공포가 있으면 현장에서 일을 제대로 못 할 수도 있어요. 그래서 자신이 어떤 것에 두려움을 느끼는지 스스로 잘 알고 준비하는 것도 중요하답니다.

체험 활동으로 적성을 알아보세요

　전국에 있는 56개 지역 경찰서에서 어린이와 청소년이 직접 참여할 수 있는 청소년 경찰학교를 운영해요. 이곳에 가면 진짜 경찰이 사용하는 장비와 제복을 직접 입어볼 수 있고, 사격 체험, 범인 몽타주 작성, 과학수사, 불법 촬영 장비 찾기 같은 수사 과정을 체험할 수 있어요. 또 모의법정, 교통안전 교육, 학교폭력 예방 역할극 같은 프로그램도 있어서 정말 다채로운 경험을 할 수 있죠.

　서울 종로구에 국립경찰 박물관이 있어요. 2005년에 문을 연 이 박물관에는 경찰의 역사와 일상생활 속 경찰의 모습이 전시되어 있고, 체험할 수 있는 공간도 있어요. 경찰을 꿈꾸는 어린이와 청소년을 위한 특별한 교육프로그램도 많이 운영하고 있으니까, 관심 있는 친구들은 꼭 한번 가보길 추천해요. 이런 활동은 단순히 경찰 체험을 해보는 데서 끝나는 게 아니에요. 실제로 경찰이 하는 일을 직접 체험해 보면서, 범죄를 예방하는 방법도 자연스럽게 배우게 돼요.

경찰체험 프로그램에 참여한 청소년들 출처 : 국립경찰박물관

형사가 되기 전에 먼저 경찰관이 되어야 해요

　형사가 되고 싶다면 먼저 경찰관이 되어야 해요. 경찰관으로 근무하면서 형사가 될 자격을 취득해야 하는데요. 경찰관이 되는 방법은 여러 가지가 있어요. 일반공무원 9급에 해당하는 순경 공채 시험을 볼 수 있고, 대학을 졸업한 후 경찰간부후보생 시험을 보고 일반공무원 6급에 해당하는 간부급으로 시작할 수 있어요. 또한, 다른 자격증을 보유한 상태에서 특채로 경찰관이 될 수도 있지요. 목표에 따라 준비할 것이 달라요.

　순경 공채 시험은 만 18세 이상 만 40세 이하라면 누구나 도전할 수 있고, 학력은 중요하지 않아요. 대신 1종 보통 운전면허증이 있어야 하고, 남자는 군대를 다녀왔거나 면제받아야 해요. 시험은 필기시험, 체력 시험, 면접시험으로 나뉘어 있어요. 필기시험 과목은 헌법, 형사법, 경찰학이고, 한국사와 영어는 인증시험 점수를 제출해요. 체력 시험은 100m 달리기, 1,000m 달리기, 팔굽혀펴기, 악력(손힘), 윗몸일으키기 종목이 있어요. 한 종목이라도 합격 점수에 미달이면 바로 불합격이에요. 경찰은

힘과 체력이 아주 중요해요. 평소에 달리기나 운동을 열심히 해서 체력을 길러야 해요. 면접시험은 여러 사람과 함께 보는 집단면접과 혼자 보는 면접을 둘 다 봅니다.

일반공무원 6급에 해당하는 경찰간부후보생 시험은 일반대학을 졸업한 사람이 볼 수 있는 시험으로 법학과나 경찰행정학과에서 경찰과 관련한 법률 지식을 공부한 사람이 유리해요.

경찰대학에 진학하는 것도 한 방법이에요. 경찰대학은 경찰 간부가 될 사람에게 학술을 연마하고 심신을 단련하게 하려고 만들어진 4년제 특수대학이에요. 경찰대학 졸업자는 모두 일반공무원 6급과 같은 경위로 임용돼요. 경찰대학생은 장학금 혜택이 있고, 모든 학생이 봉급을 받는다는 혜택이 있지만, 졸업 후에 바로 경위로 임용되는 것이 가장 큰 혜택이에요.

동기 경찰이 운영하는 체육관에서 형사를 꿈꾸는 아이들과 함께

중앙경찰학교 무도 교육   출처 : 중앙경찰학교

경찰관으로 근무하며
수사 경과 시험에 응시해요

경찰관으로 2년 이상 일을 하면서 경찰로서 기본 실력과 태도를 배웠다면 형사가 될 수사 경과 시험을 볼 자격이 생겨요. 이 시험은 1년에 한 번 또는 두 번 열리고, 뽑히는 사람 수는 해마다 조금씩 달라요. 시험과목은 형법, 형사소송법, 범죄 수사학이고, 상대평가예요. 시험 점수가 높은 사람 순서대로 합격하기 때문에, 매년 응시한 사람들의 실력에 따라 합격 점수가 달라요.

시험에 합격하면 경찰 수사연구원에서 수사를 전문적으로 배우는 훈련을 받아요. 여기에서는 형사가 사건을 해결할 때 꼭 필요한 기술과 지식을 더 깊이 배우게 됩니다.

모든 훈련을 끝내고 수사 경과 자격증을 얻으면 형사가 되어 형사팀, 마약수사팀, 강력팀, 여성청소년과 같은 수사 부서에서 일할 수 있어요. 하지만 수사 경과 자격은 한 번 따면 평생 쓰는 것이 아니에요. 5년마다 다시 시험을 봐야 해요. 만약 5년마다 보는 시험을 통과하지 못하면 수사 업무에서 빠지고 다른 경찰 일을 해야 해요. 하지만 잠시 다른 부서에서 일하다 다시 수사 경과 자격을 얻어 형사 업무를 할 수 있어요.

4장에서는?

형사라는 직업의 매력은 무엇일까요? 무엇보다 사건을 해결하고 피해자의 억울함을 풀어주었을 때의 뿌듯함이 아닐까요? 워낙 잘 알려진 직업이라 여러분도 그 매력을 짐작할 수 있겠지만, 선배 형사의 목소리로 생생한 이야기를 들어보세요.

사건을 해결했을 때의 뿌듯함

현장에서 일하는 형사라면 대부분 이 직업의 매력으로 사건을 해결했을 때의 뿌듯함을 꼽을 거예요. 저는 신입 때부터 선배들에게 '형사는 무에서 유를 창조한다!'라고 배웠어요. 사건을 해결하고 범인을 잡을 때 느끼는 보람, 그건 마치 무에서 유를 창조한 것 같은 뿌듯함이죠. 저도 마찬가지로 범죄를 저지른 범죄자를 잡아 죗값을 치르게 할 때 보람을 많이 느껴요. 제가 해결한 사건 중에 사채업자에게 부당이득죄를 처음으로 적용해 처벌했던 사건을 하나 소개할게요.

사채업자는 은행이나 공식 금융기관에 등록하지 않고 개인에게 돈을 빌려주고 이자를 받는 사람을 말해요. 예전에 사채업자들이 엄청나게 많은 돈을 이자로 받는데도 처벌할 법이 없었던 때가 있어요. 예를 들어 어떤 사람이 100만 원이 필요해서 사채업자를 찾아갔어요. 그러면 돈을 빌려줄 때부터 이자를 떼고 주는 거예요. 100만 원에서 이자 10만 원을 떼고 90만 원을 주는 거죠. 그리고 10일마다 10만 원씩 이자를 내라고

해요. 1년이 지나면 이자만 360만 원이 넘는 거예요. 단순하게 계산한 것이 이 정도인데, 실제로는 더 복잡한 계산법을 적용해 원금의 4배가 넘는 돈을 이자로 내야 해요. 하지만 억울해도 사채업자를 고발할 수가 없었어요. 법원에서는 개인 간의 거래로 보고 합의해서 처리하라는 판결을 내렸고, 형법으로 처벌할 법 조항이 없어서 죄가 되지 않았어요. 법이 없으니 억울한 피해자가 나와도 도와줄 방법이 없었죠.

그래서 제가 2001년에 궁리 끝에 '부당이득죄'를 사채업자에게 걸었어요. 형법에 부당이득죄의 구성 요건을 보면 '경제적, 정신적으로 약자의 위치에 있는 사람에 대해 현저하게 부당한 이득을 취할 경우' 적용된다고 되어 있어요. 저는 그 '현저히'에 초점을 맞췄죠. 문제는 현저히 높다는 것을 증명하는 거였어요. 은행의 이자보다 10배, 20배 정도로는 현저히 높다고 볼 수 없다는 판결이 날 확률이 높아요. 그런데 예를 든 것처럼 이자가 빌린 돈의 3배, 4배가 넘으면 이자율은 현저히 높잖아요. 저는 그것을 '폭리'로 보고 부당이득죄를 적용한 거죠. 2000년대 초반은 1997년 IMF 외환위기의 영향으로 당장 돈이 필요해도 돈을 구할 수 없는 사람들이 많았어요. 그런 사람들이 사채업자를 찾아갔다가 더 큰 고통에 빠졌었죠. 서민들의 피해가 컸고, 고발할 법이 없어 억울한 피해자가 많았기 때문에 그런 사건을 담당한 형사들의 마음도 좋지 않았어요.

제가 부당이득죄를 적용한 후에 법을 제·개정하자는 논의가 있었고, 사채업을 압박하는 환경이 만들어졌어요. 그렇지만 법이 만들어질 때 순탄하지만은 않았어요. 고발당한 사채업자들도 비싼 변호사를 사서 맞대응을 했고, 결국 대법원까지 가서 부당이득 판결을 받았죠. 지금은 대부업법이 생겨서 위반하면 고발할 수 있어요. 개인적으로도 보람을 크게 느꼈던 사건이에요.

제복이 주는 매력이 있어요

　공적인 행사는 국민의례를 해요. 그때 경찰관들이 다 제복을 차려입고 태극기 앞에 경례할 때 기분이 참 좋아요. 경찰로서 자긍심을 느끼는 거예요. 저는 형사니까 평소에도 사복을 입고 근무해요. 그래서 어디를 가도 제가 형사인 줄 모르죠. 범죄자들 빼고요. 범죄자들은 형사한테서 냄새가 난대요. 유치장 냄새가 난다면서 귀신처럼 알아채던데 일반인은 그런 냄새가 뭔지도 모르니까 제가 뭐 하는 사람인지 몰라요. 저도 신경 쓰지 않고 있다가 무슨 일이 있어서 제복을 갖춰 입고 거울을 보면 나 자신이 멋있다는 생각이 딱 들어요. 또 동료 경찰관들과 제복을 갖춰 입고 의례에 참석했을 때, "아, 내가 자랑스러운 대한민국 경찰이구나!" 싶지요. 이런 마음은 꼭 제복을 입었기 때문만은 아니에요. 우리 경찰이 일을 참 잘한다는 경찰 동료들에 대한 자랑스러움도 있어요.

중앙경찰학교 311기 졸업식   출처 : 중앙경찰학교

5장에서는?

범죄의 현장을 살피고, 범인을 쫓고, 범죄의 진실을 밝히는 일은 쉽지 않아요. 범죄자뿐 아니라 범죄의 피해를 당한 사람들까지 상대해야 진실을 알 수 있기 때문에 더 신경 써야 할 일이 많아요. 이런 어려운 일을 하는 형사는 어떤 마음가짐으로 업무에 임할까요? 선배 형사의 속마음을 들어보아요.

범죄자의 범행을 밝히기 위해 최선을 다해요

형사는 범죄를 수사하면서 피의자, 즉 범죄를 저질렀다고 의심되는 사람을 조사해요. 이때 가장 중요한 것은 범죄사실을 자백받는 일이에요. 하지만 피의자들은 대부분 "나는 안 했어요."라고 발뺌하며 범행을 부인하기 때문에, 쉽게 진실을 들을 수는 없어요.

특히 마음속에 숨기고 있는 것이 많은 피의자는 바짝 긴장하고 있는데, 이때 저는 피의자의 마음을 풀어주는 말이나 행동을 일부러 하는 편이에요. 어떤 경우에는 범죄 용어를 모른 척하며 "그거 뭐라고 하더라?"하고 다른 형사에게 물어보는 척을 해요. 그러면 피의자가 피식 웃으면서 "그건 ○○이에요"하고 대답하죠. 이렇게 피의자의 긴장을 풀어주며 피의자가 스스로 말하게 만들어요.

조사하는 동안 피의자가 너무 긴장하고 말을 안 하면, 잠깐 쉬자고 하면서 바깥 공기를 쐬게 해줘요. 그러다 "너 그때 왜 그랬어?"라고 조용히 물어보면, 피의자가 자기도 모르게 "그게요…"하고 진실을 털어놓기도 해요. 그렇게 편안하게 대화하고 들어와서 다시 범죄사실을 인정하냐고 물어보면 피의자는 안 했다고 거짓말을 하죠. 그럼 "아까 했다면서!"하고 들이대면 꼼짝 없이 시인해야 해요.

어떤 피의자는 형사를 속이려고 하거나, 다른 범죄자를 잡게 해줄 테니 자신은 가볍게 처벌해달라고 거래를 시도하기도 해요. 감옥을 여러 번 들락날락한 범죄자들은 형사들의 마음도 알기 때문에 그것을 이용하려고 하는데요. 이런 제안에 흔들리면 피의자에게 휘둘리게 돼요. 그럴 때는 거짓과 진실을 구별하는 판단 능력을 발휘해야 하지요. 이것도 경험을 통해 얻어지는 것 같아요.

이렇게 형사는 수많은 피의자를 만나며 거짓말과 진실을 구별하는 능력, 그리고 상대의 마음을 열게 만드는 대화 기술을 키웁니다. 무엇보다 중요한 건, 어떤 상황에서도 진실을 밝히기 위해 끝까지 포기하지 않는 태도예요.

범죄자를 체포할 때 다치지 않도록 신경 써요

경찰은 위험한 상황에서도 시민의 안전을 지키기 위해 현장에 출동합니다. 특히 싸움이 일어났거나 누군가가 난동을 부린다는 신고를 받았을 때는 긴장하고 출동하게 되죠.

이런 현장에 나갈 때는 혼자 움직이지 않고 팀 단위로 행동해야 해요. 만약 상대가 칼이나 위험한 물건을 가지고 있다면, 1대1로 상대하는 것은 매우 위험하므로 여러 명이 협력해서 안전하게 제압해야 하는 거예요. 또한, 범죄자를 체포할 때 과도한 힘을 쓰지 않도록 노력해야 해요. 가능한 한 피해 없이 체포하는 것이 원칙이죠.

경찰은 때에 따라 경찰봉이나 테이저건 같은 장비를 가지고 나가기도 하지만, 이것도 쉽게 사용하는 게 아니라 정해진 규칙에 따라 꼭 필요한 순간에만 사용해야 해요. 범죄자라 하더라도 인권이 있기 때문에, 최대한 다치지 않도록 조심스럽게 대응해야 합니다.

요즘은 현장에 있던 사람들이 스마트폰으로 체포 장면을 촬영해 인터넷에 올리는 경우가 많아요. 이때 경찰의 행동이 일부만 보일 수 있어서, 오해를 사거나 과잉 진압이라는 비난을 받는 예도 있어요. 실제로 그런 일로 징계를 받는 경찰관도 있기 때문에, 현장에서 적극적으로 움직이기를 망설이는 경우도 생깁니다. 이처럼 경찰은 범죄자를 체포할 때도 상대방을 최대한 다치지 않게, 또 규칙에 맞게 신중하게 행동하려고 노력하고 있어요.

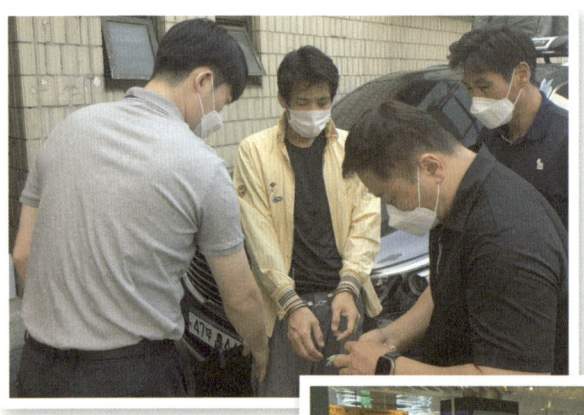

⛓ 범인을 검거한 현장에서 미란다 원칙을 고지하고 체포한 장면

⛓ 2023년 묻지마 살인사건 관련하여 다중이용시설에 배치된 형사들

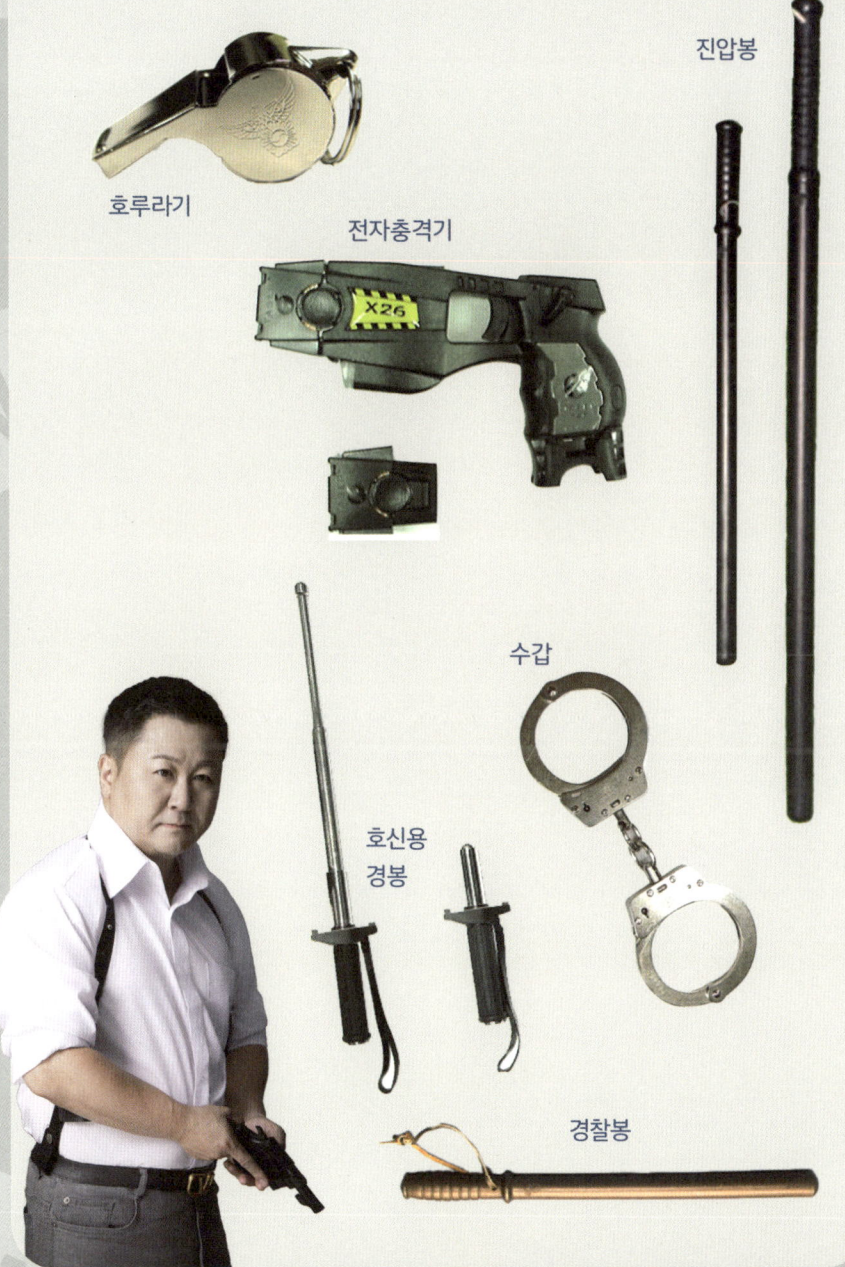

6장에서는?

어려서부터 친구들이 괴롭힘당하는 것을 참지 못했던 소년은 자연스럽게 형사의 꿈을 꾸었고, 마침내 꿈을 이루었어요. 범죄의 냄새를 맡을 수 있는 예민한 감각을 가진 형사로 성장한 그는 수많은 범죄를 해결하고 베테랑 형사가 되었는데요. 어떤 일들을 했고, 어떤 마음으로 지금까지 현역에서 일하고 있는지 들어보아요.

친구가 괴롭힘당하는 꼴은 참을 수가 없었어요

제가 어렸을 때는 동네 형들이 친구들을 참 많이 괴롭혔어요. 그런 꼴을 보면 저는 화가 나서 형들하고도 많이 싸웠어요. 초등학교 2학년 때인가는 6학년 형들한테 제가 맞고 들어온 적이 있었는데, 엄마가 저를 체육관에 보내시더라고요. 맞고 살지는 말라고요. 그때부터 운동하면서 체력을 길렀던 것 같아요.

중학교 때도 입학식 날에 사건이 있었어요. 제 짝꿍이 어떤 애들한테 심한 괴롭힘을 낭해서 막 울고 있너라고요. 누가 그랬냐니까 애들이 어떤 애를 가리켜요. 그래서 제가 그 애한테 가서 주먹을 날렸는데, 맞은 아이가 그 자리에서 쓰러져 기절했어요. 알고 봤더니 저한테 맞은 애가 어떤 초등학교에서 '짱'으로 유명했대요.

그 때문에 제가 중학교에서 일진이었다는 말이 돌았는데, 사실이 아닙니다. (웃음) 저는 힘센 애들이 약한 아이들을 괴롭히는 꼴을 못 봐서 가끔 싸우는 일이 있었지만 제가 먼저 싸움을 건 적은 없었어요.

 ## 어릴 적부터 꿈은 형사!

어렸을 때 형사가 나오는 드라마나 영화를 좋아했어요. 그런 수사물을 보면서 누가 범인인지 척척 맞혔어요. 장국영이 형사로 나오는 영화 <영웅본색>을 정말 좋아해서 8번 봤어요. 남자의 의리, 사랑과 배신이 감동적으로 그려진 영화인데, 솔직히 저는 장국영에게 반했어요. 그래서 장국영처럼 멋진 형사가 돼야겠다는 생각도 했죠.

고등학교를 졸업하고 의무경찰로 군복무를 했어요. 형사가 하는 일을 간접적으로 느끼고 싶어서 지원한 건데요, 강화경찰서에 배치된 후 처음엔 교통 근무를 주로 했어요. 하루는 근무 끝나고 경찰서에 들어가는 길인데 누가 "도둑놈이야!"하고 소리치더라고요. 생각하고 말고 할 틈도 없이 뛰어가서 도둑을 잡아 바닥에 눕혀서 누르고 있었어요. 조금 후에 형사들이 뛰어와서 도둑의 손에 수갑을 딱 채우고 무전을 치더라고요. 그 수갑 채우는 모습이 정말 멋있게 보였어요. '영화랑 비슷하구나, 경찰의 매력은 수갑을 딱 채우는 이 순간이구나!' 이런 생각이 들었어요.

그때는 잘 몰라서 형사가 범인을 잡으면 그것으로 형사의 일이 끝나는 줄 알았어요. 신문하고 보고서를 작성해 검찰에 송치하는 절차가 있다는 것은 정말 몰랐죠. 제가 즐겨 보던 드라마나 영화는 범인을 잡는 것으로 끝나니까 그런 줄 알았던 거예요. (웃음) 그렇게 형사들과 절도범을 잡았더니 어떤 형사님이 저한테 경찰 시험을 보라며 책을 사주셨어요. 국어, 영어, 국사책을 사주시면서 "넌 형사가 체질이니까 시험 봐서 형사 해라!"하고 말씀해 주셨어요.

마침내 꿈을 이루었어요

경찰이 되는 방법은 여러 가지가 있는데, 저는 일반 경찰관 공채가 아니라 특수기동대에 지원했어요. 그곳은 무도 2단 이상 보유자만 지원할 수 있는 곳으로 레펠 훈련(헬기에서 줄 타고 강하하는 훈련)도 하는 등 훈련의 강도가 높고 규율이 센 곳이에요. 거기서 2년 근무하고 경찰관으로 파출소에서 근무하게 되었어요.

경찰관이 되면 처음엔 모두 파출소나 지구대에서 근무해요. 저는 관악구에 있는 난우파출소에 발령받고 근무하다 형사과로 차출되었어요. 제가 유재석 씨가 진행하는 <유 퀴즈 온 더 블럭>이라는 TV 프로그램에서도 이야기한 적이 있는데요. 계기는 이렇습니다. 신입 경찰관으로 근무하는데 하루는 자정쯤 되었을 무렵 조직폭력배 무리가 난곡사거리 교차로를 막고 닭싸움하고 있다는 신고가 들어왔어요. 현장에 출동해 보니까 정말 건달들이 네 방향 도로를 차단해 차량 통행을 막고, 사거리 한가운데서 네 명의 건달들이 2대2로 닭싸움하고 있는 거예요. 저는 일단 건달들에게 도로에서 나오라고 좋게 말했죠. 술에 잔뜩 취한 건달들이 들은 척도 안 하고 신나게 닭싸움을 이어가더라고요. 그러니 어떡해요. 끌어내야죠. 그래서 육탄전이 시작됐어요.

처음엔 저와 다른 선배 경찰관 두 명이 건달 네 명을 상대했어요. 조금 있으니까, 사거리를 통제하고 있던 건달들이 달려들며 합세하더라고요. 때마침 서울 남부경찰서 강력반 형사들이 도착해서 난동을 부리는 건달들을 모두 잡아서 파출소로 데려갔습니다. 그때 강력반 팀장님이 저한테 "조그만 녀석이 삼단봉 잘 쓰네. 너 강력반으로 올 생각 없냐?" 이렇게 물으시더라고요. 그때가 파출소에서 근무한 지 6개월 정도 되었을 때예요. 다음 발령 때까지 6개월 기다렸다가 강력반에 지원해서 가게 되었습니다.

초임 형사 시절

범죄자를 알아보는 감이 있어요

　제가 형사가 된 지 얼마 안 돼서 가리봉동에서 살인 사건이 났어요. 그때 출동해서 범인을 검거한 일이 있어요. 범인 인상착의도 몰랐는데 사람들 사이에서 딱 범인이 보이더라고요. 그래서 바로 달려들어서 잡았어요. 이건 뭐 말로 설명할 수 없는 감이죠. 그냥 딱 보니까 알겠더라고요. 나중에 다른 분들한테 검거한 사람이 살인범이 아니면 어떡할 뻔했냐는 말을 듣기는 했죠. 그런데 저는 바로 알겠더라고요. 무슨 증거가 있는 것도 아니고 얼굴을 아는 사람도 아닌데 범죄자 냄새가 났고, 저는 그 냄새를 맡은 거죠.

　제 별명이 '개코'였는데요. 개가 냄새를 잘 맡는 것처럼 범인을 잘 찾아내니까 그런 별명이 붙었었죠. 형사 중에는 범죄자를 식별하는 감각이 뛰어나고 날카롭게 판단하는 사람들이 있어요. 저뿐만 아니라 그런 비슷한 별명을 가진 사람들이 좀 있습니다.

파견 근무할 때 구속되었다는 오해도 받았어요

저는 지금까지 형사 생활을 하면서 여러 부서에서 다양한 업무를 경험했어요. 검찰청에 수사관으로 파견 나간 적도 있는데요. 서울중앙지방검찰청 정부합동의약품리베이트전담 수사반에 파견 나가 수사관으로 근무할 때 재미있는 일이 여럿 있었어요. 제약회사나 의사들을 수사할 때 피의자 쪽 변호사들이 어떻게든 수사를 담당하는 저와 친분을 쌓아보려고 제 이름이 뭐냐고 검찰 쪽 사람들한테 다 물어보고 다녔대요. 조사받는 의사들이 저를 검찰 계장쯤 되는 수사관으로 생각하고 제가 누군지 캐보려고 했다고 하더라고요. 그런데 제 이름이 안 나오는 거죠. 왜냐하면 저는 검찰 소속이 아니니까요.

또 재미있는 것은 그때 경찰에서도 저를 파견 보내면서 형사과가 아니라 경무과 소속으로 해놔서 웃기는 일도 있었어요. 하루는 제가 서울대 출신 의사를 조사하려고 공부하느라 경찰서에서 밤을 새웠어요. 똑똑한 분들 심문하려면 피곤해도 어떻게 해요, 공부해야지. 아침에 씻고 속옷을 갈아입으려고 하는데 여분이 없는 거예요. 그래서 뭐 구치소 수감자들이 입는 속옷이랑 바지를 입고 세면장에서 씻었죠. 그런데 그 모습을 형사과 막내들이 보고 '반장님이 구치소에 갇힌 거야?'하고 생각한 거죠. 그 얘기가 퍼지니까 저를 아는 광역수사대 형사들이 전화하고 문자를 수도 없이 보냈는데, 제가 조사하느라 연락을 못 했어요. 일이 이렇게 흘러가니까 이제 '윤석호가 구속됐다!'라는 게 사실이 돼 버린 거예요. 모든 정황이 일치하고 딱딱 들어맞으니까, 구속이 확실하다고 생각하게 된 거죠. 제가 그 소문 해명하느라 한참 고생했어요. (웃음)

지금도 현장에서 형사로 일하고 있습니다

최근에는 마약 수사도 하고 실종 범죄 수사도 하는 등 형사로서 할 일을 하고 있어요. 마약수사팀이나 실종범죄수사팀은 지원한다고 다 할 수 있는 것은 아니고 형사로서 경험이 꽤 있어야 하고 형사의 '감'도 필요해요. 특히 실종팀에서 일하면 실종 신고가 들어왔을 때 신고된 정보만으로 범죄인지, 사고인지, 단순 가출인지 판단해 대응하는 것이 필요해요. 범죄나 사고라면 팀원들을 보내 현장 조사를 하는 등 초기 대응을 잘 해야 해요. 그런데 가출하겠다고 편지를 써놓고 집을 나간 청소년을 찾겠다고 형사를 보내고 CCTV로 동선을 파악하는 등 단순 가출 사건을 수사하는 것은 수사력을 낭비하는 결과를 낳을 수 있어요. 이렇게 저는 지금도 형사의 감이 필요한 현장에서 일하고 있고, 앞으로도 형사로서 최선을 다할 생각입니다.

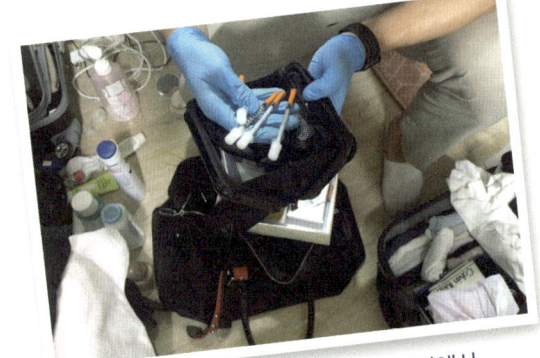
상습 마약사범 검거 후 피의자 주거지에서 숨겨 놓은 마약을 찾기 위해 수색하는 장면

7장에서는?

앞에서 미처 해결하지 못한 궁금증을 해결하는 시간! 우리가 112에 신고하면 어떤 과정으로 일이 해결될까요? 형사는 왜 사복을 입고 근무할까요? 인공지능이 발달한 미래에도 형사는 필요한 직업일까요? 꼬리에 꼬리를 무는 질문에 대한 답을 지금 확인해 보아요.

112로 신고가 들어오면 어떻게 사건을 처리하나요?

QUESTION 01

누군가 112로 전화했을 때 신고자의 위치에서 가까운 지구대나 파출소로 연결되는 게 아니에요. 휴대전화로 신고가 들어온 경우는 기지국 기준으로, 일반전화인 경우는 주소 기준으로 해당 지역 관할 지방경찰청의 112 종합상황실로 연결돼요. 신고자의 전화를 받은 112 경찰은 사건·사고 발생 장소와 내용을 들으면서 시스템에 입력해요. 입력된 정보는 지역 경찰서 112 종합상황실에 즉시 공유되고 지역 경찰서는 신고 내용을 본 후 사건의 긴급성에 따라 코드를 5단계로 분류해 관할 경찰서로 전달해요. 이때 같은 정보가 현장에서 근무 중인 경찰관들의 순찰차 내비게이션과 스마트폰으로 전송돼요. 그리고 관할 경찰서에서 현장과 가장 가까운 순찰차에 무전으로 출동 지령을 내려 경찰관을 현장으로 보내는 거죠.

출동 속도는 사건·사고의 긴급성에 따라 달라요. 코드 0과 1은 이동 범죄나 강력범죄, 생명과 신체에 대한 위험이 임박한 경우, 현행범이 있는 경우 등으로 최단 시간에 현장에 도착하는 게 목표예요. 코드 2는 생명과 신체에 대한 잠재적 위험이 있거나 범죄예방 등을 위해 필요한 경우로 긴급 신고가 들어올 때를 대비해 지장이 없는 범위 내에서 출동하고, 코드 3은 당장 현장에 나가지 않지만 수사나 전문 상담 등이 필요한 경우로 당일 근무시간 내에 출동해요. 그리고 코드 4는 긴급성이 없는 민원 상담 등으로 신고 내용과 관련된 다른 기관으로 넘기죠.

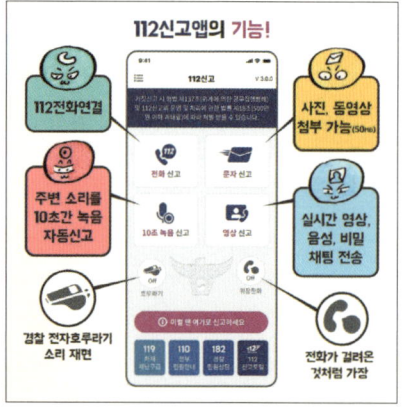

출처 : 경찰청

형사는 왜 사복을 입나요?

여러분이 일상에서 볼 수 있는 경찰관은 대부분 근무복을 입고 지구대나 파출소에서 근무하는 경찰관일 거예요. 범죄와 관련이 없는 평범한 시민과 가장 가까운 경찰관으로 친숙한 이미지를 가지고 있죠. 그런데 범죄가 발생하면 해결하기 위해 투입되는 경찰관인 형사는 사복을 입어야 해요.

몰래 범인을 따라다니거나 잠복 수사를 하고, 시장, 거리, 골목, 카페 같은 곳에서 사람들을 만나 조사를 해야 할 때도 있기 때문에 형사는 눈에 띄지 않게 사복을 입고 조용히 움직이는 거예요. 이렇게 일반 시민처럼 보이기 때문에 자연스럽게 행동하다가도 범죄자를 보면 바로 뛰어들 준비가 되어 있어요. 사복을 입고 있어도, 몸에는 수갑이나 무전기 같은 장비를 챙기고 있어서 바로 경찰이라는 걸 밝히고 범죄자를 체포할 수 있어요.

여자 형사는 얼마나 되나요?

예전에는 형사가 남자만 하는 일이라고 생각했어요. 범죄자를 잡으려면 힘이 세야 하고, 무술도 잘해야 한다고 믿었기 때문이에요. 또 잠복근무할 때 남자 형사와 여자 형사가 함께 오래 있어야 하는 것도 불편해하는 사람이 있었어요.

하지만 요즘은 생각이 많이 바뀌었어요. 여자도 충분히 형사가 될 수 있어요. 오히려 성범죄, 가정폭력, 아동학대 같은 사건은 여자 형사가 있어야 수사가 더 잘될 때도 있어요. 범죄자 중에도 여자가 있고, 여자 형사가 정보를 얻거나 조사를 할 때 더 도움이 되기 때문이에요.

2023년 기준으로 보면, 경찰관 100명 중에 약 15명이 여자 경찰관이에요. 예전보다 훨씬 늘어난 숫자지만, 아직은 남자 경찰관이 더 많아요. 특히 여자 형사는 더 부족한 편이에요. 그래서 경찰청은 여자 경찰관을 더 많이 뽑으려고 여러 가지 노력을 하고 있어요.

직업적인 습관이 있다면요?

형사로 오래 일하다 보면 생기는 특별한 습관이 있어요. 그중 하나는 의심하는 습관이에요. 무조건 남을 의심한다는 뜻이 아니라, 말과 행동을 자세히 관찰하면서 "혹시 뭔가 숨기는 게 있지 않을까?"하고 한 번 더 생각하게 되는 거예요. 예를 들어 어떤 사람이 거짓말을 하고 있는지, 뭔가 수상한 행동을 하는지 눈빛이나 말투만 보고도 느낄 수 있어요. 그래서 사업하는 친구들이 계약할 일이 있을 때 저를 불러서 함께 가자고 해요. 저는 따라가서 상대방의 표정, 말투, 행동을 유심히 관찰하다가 뭔가 수상한 구석이 있으면 '저 사람이랑 일하지 말라'고 하고, 또 괜찮은 사람 같으면 함께 일해도 좋겠다고 말하죠. 그런데 참 신기하게도 그렇게 판단한 결과가 거의 다 맞았대요.

이런 능력은 오랜 경험에서 생긴 거예요. 수많은 사람을 조사하면서 속마음을 파악하는 힘, 즉 통찰력이 생긴 거죠. 범죄자와 마주할 때는 그 사람이 일부러 숨기는 진실을 찾아내야 하니까, 자연스럽게 사람을 관찰하고 파악하는 능력이 높아지는 거예요. 그래서 형사들은 누군가를 보면 '이 사람은 어떤 성격일 것 같다.'라는 감이 생기고, 실제로도 많이 맞아요.

형사에게는 이렇게 사람을 잘 파악하는 습관이 아주 중요한 능력이에요. 대한민국 형사들은 솔직히 감이 정말 좋아요. 범죄를 알아차리는 감, 범죄자를 알아보는 감이 다 있죠. 이게 없으면 형사 하기 힘들어요.

스트레스는 어떻게 해소하세요?

저는 원래 스트레스를 잘 받지 않는 편이에요. 힘든 일이 생겨도 스트레스로 생각하지 않고 그냥 "힘드니까 열심히 해야지!"하고 생각해요. 그리고 힘든 일을 끝내고 나면 기분을 풀 수 있는 걸 찾아서 해요.

저는 특히 노래 부르는 걸 정말 좋아해요. 큰 목소리로 신나게 노래를 부르면 기분이 확 좋아지거든요. 또 여행도 좋아해서, 쉬는 날이면 여기저기 놀러 가기도 해요. 제가 20년 넘게 전국을 돌아다니면서 잠복근무를 정말 많이 했어요. 덕분에 그때 알게 된 멋진 곳들로 여행을 가서 쉬어요.

다른 경찰관들도 비슷해요. 어떤 사람은 운동하면서 스트레스를 풀고, 어떤 사람은 여행을 가서 쉬어요. 시간이 없을 때는 경찰서 안에 있는 체력 단련실에 가서 운동하면서 기분을 전환하기도 해요. 모두 각자 좋아하는 방법으로 힘든 마음을 풀어요.

근무 형태는 어떤가요?

　형사를 비롯한 경찰관들은 우리 사회를 24시간 내내 지키는 중요한 일을 하고 있어요. 그래서 보통 회사원들처럼 아침에 출근하고 저녁에 퇴근하는 것과는 근무 방식이 조금 달라요.

　경찰관들은 주로 교대 근무를 해요. 가장 많이 하는 방식은 4조 2교대입니다. 4개의 조가 돌아가면서 근무하는데, 주간 근무와 야간 근무를 번갈아 하죠. 주간 근무는 보통 아침 8시부터 저녁 7시까지, 야간 근무는 저녁 7시부터 다음 날 아침 8시까지 이어져요. 이렇게 하루는 낮에, 하루는 밤에 일하고 나서 2일 동안 일하면 2일 동안 쉬는 방식이에요. 3개의 조가 각각 8시간씩 일하는 3교대 근무를 하는 곳도 있어요.

　경찰관들은 이렇게 주말이나 공휴일 구분 없이 돌아가며 근무해요. "일요일인데 쉴 수 있을까?"하고 생각할 필요 없이, 자신이 맡은 근무표에 맞춰 일하거나 쉬는 거예요. 덕분에 언제 어디서 사건이 생기더라도 경찰관이 바로 출동할 수 있는 거예요. 하지만 모든 경찰관이 이렇게 교대 근무를 하는 것은 아니에요. 내근직 경찰관들은 주로 아침에 출근해서 저녁에 퇴근하는 일반 직장인과 비슷해요.

경찰관들의 기본 근무시간은 주 40시간이에요. 다만 교대 근무를 하다 보면 주마다 근무시간이 조금씩 달라질 수 있어요. 경찰관들도 연차 휴가를 사용할 수 있어요. 이때는 부서 상황을 고려해서 미리 일정을 조율해야 해요.

경찰서 유치장에는 누가 들어가나요?

경찰서 안에 있는 유치장은 여러 이유로 경찰에 붙잡힌 사람들을 잠시 가두어 두는 곳이에요. 도둑질과 같은 범죄를 저지르고 붙잡혀 조사를 받는 사람, 싸움을 해서 경찰에 붙잡힌 사람, 술에 취해서 길거리에서 소란을 피운 사람들이 다양한 이유로 이곳에 들어가지요. 유치장은 감옥처럼 오래 있는 곳이 아니라, 짧은 시간 동안만 머무는 곳으로 사람들의 안전을 지키기 위한 공간이에요.

가끔 대규모 집회에서 법을 어기고 붙잡힌 사람들이 많아 담당 지역 경찰서 유치장에 자리가 부족할 수 있어요. 그럴 때는 가까운 경찰서의 유치장에 나눠서 보내기도 해요. 예전에는 거의 모든 경찰서에 유치장이 있었는데 요즘엔 유치장이 없는 경찰서들이 꽤 있어요.

형사는 미래에도 필요한 직업일까요?

QUESTION 08

과거 조선시대에도 도둑, 사기, 폭력, 살인 같은 범죄는 있었어요. 지금도 이런 범죄는 계속 일어나고 있죠. 사람이 사는 사회에는 갈등과 문제가 생기기 마련이고, 그만큼 범죄도 완전히 없어지기 어려워요. 그래서 그 범죄를 해결하는 형사의 역할은 언제나 필요해요.

요즘 인공지능은 똑똑해졌어요. 하지만 AI는 범죄 현장에 직접 가서 문제를 해결할 수 없어요. 또한, 형사는 예상치 못한 상황 속에서 빠르게 판단하고, 사람의 감정을 읽고, 직질하게 반응해야 해요. 이건 경험과 직관, 인간적인 공감 능력이 있어야 가능한 일이죠.

형사는 단순히 범인을 잡는 사람이 아니라, 사람과 상황을 종합적으로 판단해서 사회를 안전하게 지키는 중요한 역할을 해요. 인공지능은 형사의 도구가 될 수는 있지만, 형사 그 자체를 대신할 수는 없을 거예요.

미래의 범죄는 어떻게 달라질까요?

QUESTION 09

세상이 빠르게 변하면, 범죄도 그만큼 달라지고 복잡해져요. 범죄는 늘 '법의 빈틈'을 노려서 생겨나는 특성이 있어요. 그만큼 새로운 기술이나 환경이 생기면 그걸 나쁘게 이용하려는 사람들도 생기기 때문이에요.

요즘은 디지털 기술이 아주 빠르게 발전하고 있어요. 그래서 사람을 직접 만나지 않고도 범죄를 저지를 수 있어요. 전화, 문자, 메신저, 인터넷을 이용해서 사기 치거나 돈을 받아내죠. 더 심각한 건 비트코인 같은 가상화폐를 써서 돈의 흐름을 숨기고, 외국에 본사를 둔 회사들을 이용하면 수사기관이 정보를 받는 것도 어려워요. 게다가 범인이 외국에 있으면 검거하기도 힘들어요. 나라마다 법이 다르고, 서로 협조하지 않으면 범인을 데려올 수 없기 때문이에요.

앞으로는 법률, IT, 금융 등 전문 지식을 가진 사람이 그 지식을 이용해 범죄를 저지르는 경우가 많아질 거예요. 이럴 때는 형사도 단순히 법만 아는 게 아니라, 그 분야의 지식도 함께 알아야 범죄를 밝혀낼 수 있어요.

 미래의 범죄를 막기 위해서는 형사나 경찰뿐 아니라 우리가 모두 새로운 기술과 사회 변화에 관심을 가지고 똑똑하게 대처할 준비를 해야 해요. 또한, 법도 변화에 맞게 빠르게 개정되고, 다양한 나라와 협력하는 시스템이 더 잘 갖춰져야 할 거예요.

다른 분야로 진출할 수 있나요?

형사를 그만두고 다른 일을 하고 싶다면 얼마든지 가능해요. 수사하는 방법도 알고 법도 잘 아니까 형사 출신을 환영하는 기업이 많아요. 보험회사도 그중 하나로, 자체적으로 보험사기를 적발하기 위해 보험사기 조사관을 두거나 특별조사팀을 운영하는 회사가 있어요. 거기서 일하는 사람들의 역할은 보험 청구가 정당한지, 혹은 부정한 방법으로 보험금 청구가 이루어졌는지 조사하는 거예요. 지나치게 많은 보험 청구를 하거나, 사고 상황이 비정상적으로 보이는 등 의심스러운 정황이 발견되면 사고 관련자나 목격자를 인터뷰하고, 사고 현장 조사를 통해 사실 관계를 확인해요. 또한, 경찰 보고서, 병원 기록 등 다양한 자료를 수집해 분석도 하죠. 필요한 경우에는 의사나 기술자, 법률 전문가 등과 협력해서 사기 여부를 판단하고요. 여기까지만 봐도 왜 경찰 출신이 보험사기 조사관으로 적합한지 알 수 있죠. 경찰이 수사하는 것과 거의 같아요. 또 법률 지식도 풍부하고 신속하게 판단하고 대응하는 능력이 있으니까 보험사기 조사도 빠르고 정확하게 판단하는 거죠.

대기업이나 금융기관에서 보안이 중요하다는 건 아실 거예요. 실제로 다양한 유형의 위협이 있죠. 기업의 자산이나 기밀 정보, 장비 등을 대상으로 한 도난 사건이 발생할 수도 있고, 회사 건물에 무단으로 침입하거나, 설비와 시설을 파괴하려는 시도가 있을 수 있어요. 또 직장 내에서 직원들 사이에 갈등이 발생하거나 외부인의 침입으로 인한 폭력 사건이 발생할 수도 있고요. 이런 물리적 위협이 있을 때 경찰관 출신의 보안 전문가는 수사 능력을 발휘해 위기를 관리해요. 경찰에 바로 신고하는 때도 있지만 외부로 알리기 어려운 보안 문제가 있으면 기업 내에서 일하는 경찰관 출신의 보안 전문가나 조사관이 먼저 조사하고 신속하게 대응하는 거예요.

그리고 경호 분야도 많이 진출해요. VIP, 연예인, 고위급 임원 등을 보호하는 경호 업무를 직접 수행할 수도 있고, 나아가 경찰 보안수사대나 경비대에서 쌓은 경력으로 보안 컨설팅을 하는 긴설턴트로 활약할 수 있죠.

강·절도범 검거로 얻은 별명, '개코' 형사

2000년대 초반에 경찰청은 '강력범죄 소탕 100일 작전'을 선포하고, 민생 침해 사범을 검거하는 작전을 대대적으로 벌인 적이 몇 번 있어요. 신고된 사건을 중심으로 밤낮으로 범죄자를 색출해 검거해도 목표한 실적을 채울 수가 없어서 신고 안 된 사건이라도 찾아야 했죠. 그래서 저는 파출소에서 근무할 때 알게 된 정보를 활용했어요. 당시에는 밤에 동네를 순찰하다 보면 한적한 놀이터에 아이들이 모여서 노는 모습을 쉽게 볼 수 있었어요. 그런 애들을 보면 가서 야단치고 혼내서 집으로 보냈죠. 그런데 가만히 생각해 보니 그때 끼리끼리 모여 놀던 애들이 여전히 밤에 놀이터에서 모일 것 같은 거예요. 그래서 하루는 놀이터 근처에 차를 대놓고 잠복했어요. 아니나 다를까, 해 질 무렵이 되니까 네다섯 명의 아이들이 오토바이를 타고 나타나더라고요. 같이 잠복했던 형사가 딱 보고 "형님, 저거 훔친 거네." 그래요. 나가서 오토바이를 살펴봤더니 진짜 열쇠가 없어요. 영화에서 보면 오토바이나 차를 훔치면 전선을 '탁탁' 부딪혀서 시동을 걸잖아요. 열쇠가 없는 걸 확인하고 애들을 불러서 "야,

너희 이거 훔쳤지? 다섯 대 도난당했다던데 네 대네. 나머지 한 대는 어딨어?" 이렇게 제가 먼저 훅 치고 들어가니까 한 녀석이 놀라서 "아닌데요, 저 세 대 훔쳤는데요."하고 유인작전에 걸려들더라고요. 그 애를 붙들고 누구랑 훔쳤냐고 물어보니까 저 혼자 훔쳤다는 거예요. 그래서 제가 거기 있는 애들 네다섯 명을 다 차에 태워서 경찰서로 데리고 갔어요. 사무실에 가서 일렬로 세워놓고 그 앞으로 한 명씩 눈을 맞추며 지나갔어요. 그랬더니 그중에 눈을 파르르 떨면서 시선을 피하는 애들이 있더라고요. 쭉 돌아보고 나서 4번, 5번 앞으로 나오라고 말하고 "너희가 같이 훔쳤지?"하고 추궁했더니 바로 잘못했다고 시인했지요. 그 모습을 선배 형사님이 보시고는 저보고 "개코네" 그러시더라고요. 사실 한 번 맞췄다고 그런 별명을 얻은 건 아니에요. 그런 식으로 사람들 얼굴 보고 절도범을 잘 찾은 적이 10번도 넘으니까 다른 형사들도 저를 '개코'라고 불렀죠.

고객으로 가장해 해결한 자동차 절도, 중고차 사기 사건

　영화 <베테랑> 1편 초반에 나왔던 중고차 사기 사건이 있어요. 2000년대 초반에 해결한 것으로 기억하는데요. 처음엔 자동차 절도 사건이 일어나서 수사했어요. 어떤 사람이 중고차를 사서 다음날 차를 타려고 가봤더니 차가 흔적도 없이 사라진 거예요. 비슷한 수법으로 당한 피해자가 여럿이 발생하니까 이건 잡아야겠다 싶었죠. 지금처럼 아파트나 주택단지, 도로에 CCTV가 없을 때라 범인의 흔적을 추적하기 쉽지 않아서 형사들이 중고차를 사는 고객으로 가장해 잠입 수사를 했어요. <베테랑> 1편 초반에 황정민 배우와 장윤주 배우가 중고차 시장에 가서 차를 고르는 장면이 그래서 나온 거예요. 당시에 저와 여형사 한 명이 커플인 척하고 중고차 시장을 여러 곳 돌아다니면서 매매상들의 동향을 파악했어요. 시세보다 싸게 판다거나 매수자에게 좋은 조건을 제시하는 중고상이 있으면 의심해 보고 좀 지켜보면서 수사를 진행했지요. 그러다 어느 곳에 가니까 느낌이 오더라고요. '여기 뭔가 있다.' 싶어서 주목했더니, 한밤중이 되자 낮에 판 차량에 누군가 접근해서 그 차를 가져가는 장면을 포착했어요. 판매한 중고차의 키를 미리 복사하고 차량에 위치 추적기를 붙여놓은 것 같더라고요. 그래서 그 차를 따라갔더니 수원의 팔달산 안으로 들어가는 거예요. 도심에서 멀지 않은 곳인데 산속에 널찍한 공터가 나오고 거기에 도난 차량 수십 대가 있었어요. 현장을 보고 저희도 놀랐죠. 차량 몇 대 절도하는 정도가 아니라 조직적으로 차를 훔치고 되파는 일당의 본거지였던 거예요. 예상했던 것보다 규모가 큰 사건이었어요.

마동석 배우와 함께

합동수사팀에서 했던 의약품 리베이트 수사

　광역수사대 지능수사팀에서 3년 정도 의료법 위반 사건을 다룬 적이 있어요. 이런 사건을 수사하려면 공부를 먼저 해야 하고, 다음으로 의사의 심리도 알아야 하죠. 절반은 의사가 되어야 피의자가 하는 말이 뭔지 알아듣고, 위반한 법에 따라 처벌을 할 수 있어요. 전문 의료인을 처벌하는 건 쉽지 않아요. 어쨌든 그쪽 분야의 전문가인 데다 형사가 지식으로는 따라갈 수 없죠. 또 변호사를 대동하고 오니까 빠져나갈 구멍을 다 마련한단 말이에요. 그러면 계속 사건을 파고들면서 의학 공부, 법 공부를 하는 거예요. 그러다 보면 딱 걸리는 게 있죠. 그때의 경험으로 저는 많이 공부한 사람들을 잘 안 믿어요. 물론 정직하게 법 위반을 안 하는 사람들이 더 많지만, 머리 좋고 공부 많이 한 사람들이 그 지식을 이용해 범죄와 연루되는 경우도 많아요. 단순 범죄보다 죄질이 더 나쁜 거죠.

　중앙지검에서 의약품리베이트합동수사팀을 꾸렸을 때, 의료법 수사 경험이 있던 저와 선배 형사가 함께 검찰에 파견되었어요.

리베이트가 뭐냐면요, 제약회사나 의약품 도매상 같은 의약품을 공급하는 쪽이 병원의 의료인이나 판매를 담당하는 직원 등에게 뇌물을 주는 거예요. 뇌물의 형태는 돈이나 물품일 수도 있고, 어떤 편의를 봐준다거나 여러 가지 접대를 하는 등 아주 다양해요. 의료법에는 정당한 경제적 이익 외에 다른 이익을 취하는 모든 행위가 불법이에요. 주는 쪽도 받는 쪽도 모두 의료법 위반이죠. 그때 유독 의료 리베이트 사건이 여럿 발생했고, 그중에 큰 회사가 연루된 사건도 있었어요. 우리나라에 있는 제약회사가 4,000개가 넘어요. 그중에서 이름을 들으면 알만한 큰 규모의 회사가 여럿 연루된 리베이트 사건도 있었어요. 이 사건으로 의사 및 제약회사를 구속, 불구속 입건한 사례가 있었습니다.

사건 1

목걸이 도난 사건

1. 사건 접수 : 한밤중의 신고

어느 비 오는 밤, 지역 경찰서에 다급한 신고가 들어왔다. 고급 주택가에 사는 유명한 디자이너 최 씨가 다이아몬드 목걸이가 사라졌다고 알린 것이다. 외출했다가 돌아와 보니 거실 창문이 깨져 있었고, 서랍이 뒤져진 흔적이 있었다고 한다. 사건을 맡은 형사 이정민(가명)이 즉시 현장으로 출동해 최 씨의 진술을 들으며 사건의 단서를 찾아 나섰다.

Tip 형사의 눈으로 사건 현장에서 살펴봐야 할 것들을 써 보세요.

2. 현장 조사 : 창문과 발자국

이 형사는 현장을 자세히 살펴보았다. 깨진 창문 주변에는 유리가 흩어져 있었고, 안쪽으로 미세한 긁힌 자국이 보였다. 이 형사는 범인이 창문을 도구로 열고 들어온 것으로 추정했다. 또, 거실 바닥에 남겨진 진흙 묻은 발자국이 눈에 띄어 감식반에 지문과 발자국을 채취하게 했다. 동시에, 근처 주민들을 인터뷰해 사건이 발생한 시간대에 수상한 사람을 목격했는지 확인했다.

Tip 주변을 탐문할 때 주의할 점은 무엇이 있을까요?

3. 첫 번째 단서 : CCTV의 수상한 남자

집 근처 편의점 CCTV를 분석하던 중, 사건이 발생한 저녁 한 남자가 검은 후드티를 입고 최 씨의 집 주변을 배회하는 장면이 포착됐다. 그는 무언가를 기다리는 듯한 모습이었다. 이 형사는 CCTV를 확대해 그의 얼굴을 분석했다. 비슷한 범죄 전력이 있는 용의자 리스트를 대조해 보니, 몇 년 전 유사한 방법으로 빈집 털이를 하다 체포된 김모 씨와 일치하는 사람이었다.

Tip 용의자의 얼굴이 CCTV에 찍히지 않았다면 어떻게 할까요?

4. 용의자 추적 : 밤샘 잠복

이 형사는 김모 씨의 행적을 추적했다. 그의 과거 범죄 기록과 출소 후 주소를 확인한 결과, 최근에는 친구와 함께 작은 아파트에 머물고 있다는 정보가 나왔다. 형사는 팀원들과 함께 그의 아파트 주변에서 잠복을 시작했다. 며칠 후, 김모 씨는 검은 후드티를 입고 집을 나섰다. 그는 한 전당포에 들러 무엇인가를 거래하려는 듯 보였다. 전당포 직원에게 문의해 목걸이를 확인한 결과, 최 씨의 목걸이임을 알아냈다.

Tip 용의자를 검거할 때 주의할 것은 무엇일까요?

5. 검거와 자백

김모 씨는 전당포에서 나오던 중 형사들에게 붙잡혔다. 그의 가방에서 최 씨의 목걸이와 도난품으로 보이는 다른 귀중품도 발견됐다. 경찰서로 연행된 김모 씨는 처음에는 혐의를 부인했지만, 형사가 CCTV와 증거를 제시하자 결국 자백했다. 그는 "돈이 필요해서 저지른 일"이라며 후회하는 모습을 보였다.

Tip 용의자를 심문할 때 어떻게 해야 용의자의 자백을 끌어낼 수 있을까요?

6. 사건 종결

다이아몬드 목걸이는 최 씨에게 무사히 반환되었다. 최 씨는 이 형사에게 깊은 감사를 표했고, 김모 씨는 법정에서 자신의 죄에 대한 대가를 치렀다.

사건 2

학교에서 일어난 폭력 사건

1. 사건 접수 : 부모님의 신고

어느 날 오후, 한 학부모가 경찰서를 방문했다. 그녀의 딸 은지(가명, 중학교 2학년)가 최근 학교에서 괴롭힘을 당해 심각한 정신적 스트레스를 받고 있다고 말했다. 은지는 몸에 멍 자국이 있었고, 휴대전화 메시지에는 같은 반 친구들로부터 온 협박성 메시지가 남아 있었다. 학부모는 더 이상 혼자 해결할 수 없어 경찰의 도움을 요청한 것이었다. 형사 박진수(가명)가 사건을 맡았다. 그는 피해 학생의 안전을 최우선으로 생각하며 사건을 조사하기 시작했다.

Tip 학교에서 일어나는 폭력 사건을 목격했다면 적어보세요.

_____

_____

_____

_____

_____

_____

2. 초기 조사 : 피해자의 진술

박 형사는 은지와 학부모를 만나 이야기를 들었다. 은지는 최근 몇 달 동안 같은 반 친구들인 민재와 그의 무리가 자신을 지속적으로 괴롭혔다고 털어놓았다. 그들은 쉬는 시간마다 놀리고, 소지품을 숨기거나 훔쳤으며, 심지어 교실 밖에서 폭력을 행사하기도 했다고 말했다. 특히, 민재는 은지가 거부하는데도 매일 돈을 가져오라고 협박했고, 이를 어기면 더 큰 괴롭힘을 예고했다고 했다. 은지는 너무 두려워 선생님에게도 말하지 못했다고 했다.

Tip 학교폭력 사건을 조사할 때 중점을 두어야 할 것은 무엇일까요?

3. 증거 수집 : 교실과 온라인

박 형사는 학교로 직접 찾아갔다. 학교 내부 증거로 교실에 설치된 CCTV를 확인해 민재가 은지를 밀치고 소지품을 빼앗는 장면을 확보했다. 디지털 증거로 은지의 휴대전화에서 민재와 그 무리가 보낸 협박 메시지와 SNS상에서의 조롱 글을 캡처했다. 박 형사는 같은 반 학생 몇 명과 면담해 일부 학생들은 민재의 괴롭힘을 목격했지만, 두려움 때문에 말을 아꼈다는 목격자 진술을 확보했다. 이 증거들은 민재와 그 무리가 은지에게 지속적으로 괴롭힘을 가했다는 것을 뒷받침했다.

Tip 만약 사건을 목격한 학생들이 진술하지 않는다면 어떻게 설득할 수 있을지 생각해 보세요.

4. 가해자 조사 : 민재와의 대면

박 형사는 민재와 그의 부모를 경찰서로 불러 조사했다. 처음에 민재는 "그냥 장난이었다"고 변명했다. 하지만 형사가 CCTV 영상과 협박 메시지를 제시하자 민재는 더 이상 부인할 수 없었다. 그는 친구들 앞에서 과시하고 싶어 이런 행동을 했다고 털어놓았다. 민재의 부모는 이 사실에 충격을 받았고, 피해자 측에 사과하겠다는 뜻을 밝혔다.

Tip 가해자와 가해자 부모를 조사할 때 주의해야 할 것은 무엇이 있을까요?

5. 조정과 예방 조치

박 형사는 학교와 협력해 피해 학생 보호와 사건 해결 방안을 마련했다. 피해자 보호 차원에서 은지가 안전하게 학교생활을 이어갈 수 있도록 교내 상담과 학교 선생님들의 특별 관리 체계를 구축했다. 가해자인 민재는 학교 규정에 따라 특별교육을 받고, 법적으로도 부모의 감독 아래 행동 교정 프로그램에 참여하는 등의 처벌을 받도록 하였다. 이런 일이 다시 일어나지 않도록 학교 전체를 대상으로 학교폭력 예방 교육과 상담을 의무화했다.

Tip 학교폭력 사건이 발생하지 않도록 예방하는 방법은 무엇이 있을까요?

6. 사건 종결 : 상처 회복의 시작

은지의 부모는 경찰과 학교의 도움에 감사했고, 은지는 상담 치료를 받으며 서서히 학교생활에 적응해 갔다. 민재와 그의 무리도 잘못을 인정하고, 다시는 이런 일이 발생하지 않도록 노력하겠다고 약속했다. 박 형사는 사건이 해결된 후 학교에 종종 방문해 예방 강연을 하며, 또 다른 은지가 생기지 않도록 힘썼다.

초등학생의 진로와 직업 탐색을 위한 잡프러포즈 시리즈 52

2025년 7월 18일 초판 1쇄

지은이 | 윤석호
펴낸이 | 김민영
펴낸곳 | 토크쇼

편집인 | 박성은
표지 디자인 | 이희우
본문 디자인 | 책읽는소리
홍보 | 이예지

출판등록 2016년 7월 21일 제 2023-000173호
주소 | 서울시 마포구 월드컵북로98, 2층 202호
전화 | 070-4200-0327
팩스 | 070-7966-9327
전자우편 | myys327@gmail.com
ISBN | 979-11-94260-38-7(73190)
정가 | 13,000원

이 책의 저작권은 저자와 출판사에 있습니다.
서면에 의한 저자와 출판사의 허락 없이 책의 전부 또는
일부 내용을 사용할 수 없습니다.